ولدت الكاتبة روضة إبراهيم عرب في عام 1996م دولة الإمارات، تحديداً دبي، ونشأت في ظل عائلة كبيرة، كانت طفولتها مليئة بالأحداث والمواقف التي ساهمت في تكوين شخصيتها، كما حصلت على شهادتها الجامعية من جامعة زايد في تخصص علوم البيئة والاستدامة، والتقت خلال مشاركتها بالأنشطة الخارجية بالعديد من الأشخاص، الأمر الذي أكسبها الطابع الاجتماعي في التعامل معهم.

تعمل حالياً في جمارك دبي، وقد أطلقت العديد من المبادرات كمبادرة القراءة وجرعة إيجابية للموظفين. وحصلت أيضاً على المركز الأول في جائزة الثريا فئة الشابة من جمارك دبي.

روضة إبراهيم عرب

هل سنمضي؟

AUSTIN MACAULEY PUBLISHERS™

LONDON • CAMBRIDGE • NEW YORK • SHARJAH

الرقم الدولي الموحد للكتاب 9789948831402 (غلاف ورقي)
الرقم الدولي الموحد للكتاب 9789948831419 (كتاب إلكتروني)

رقم الطلب: MC-10-01-6625871
التصنيف العمري: E

تم تصنيف وتحديد الفئة العمرية التي تلائم محتوى الكتب وفقا لنظام التصنيف العمري الصادر عن المجلس الوطني للإعلام.

الطبعة الأولى 2021
أوستن ماكولي للنشر م. م. ح
مدينة الشارقة للنشر
صندوق بريد [519201]
الشارقة، الإمارات العربية المتحدة
www.austinmacauley.ae
‎+971 655 95 202

شكر وتقدير

لعائلتي تلك التي لن أنسى صنيعها!

للصداقات تلك التي ما انفكت تبهرني!

للمواقف تلك التي أيقظتني!

للحياة التي لا زلت أمضي في دروبها!

هنا ألقي بخواطري عليها تلامس بعض ذكرياتكم..

بعضها مرير وبعضها الآخر هروب لمكان بعيد..

للمشاعر الدفينة

للكلمات الضائعة

للمواقف الصعبة

لكل غصة حلق..

قراءة ممتعة أتمناها لكم..

يمضي يومان والآن الثالث

يبدو بأنني أحسها

لم أُرَدَّ لكنني لا أقوى!

حسبته عادياً وأضحى غير ذلك

لم أشتق ولكنني أحن

أحاديث أتصنَّعها..

لحظة!

يبدو أنها سراب..

أبحث عن ذاتي..

ضاعت تاهت..

إنها في المنفى الآن..

على شاطئ جزيرة تجلس..

تضم رجليها إلى صدرها..

تراقب بصمت أمواج البحر..

تراها تتكسَّر وتترمَّم..

تعاود تكرارها من جديد..

إلا هي.. تحرِّكُ الرياح خصلاتها البنية..

وذاتها تعيد تكرار مشهد الأمواج من جديد..

لكنها لا تترمَّم..

إنها تُكسَر في كل مرة..

لتصبح ذرة بين ذرات..

كحبيبات رملٍ لا تعرف..

تتساءل..

هل من طريق.. لنعود كما كنّا من جديد؟

***

تباً!

عذراً فقد فاض كيلي!

التحمُّل المستمر والانحناء

لم يعودا متوفِّرَين..

لقد استغنيتُ عنهما بإرادتي

المُطلَقة!

ذهبتُ للا مكان

أبحث أفتِّش..

بلا جدوى..

آه..!

لن تفيد

ولو قسَت عليك الأرض

ومن عليها..

انظري!

ارفعي رأسكِ..

نعم للسماء!

هناك

هناك

ربُّ السماء!

ربُّ كل شيء حي..

ابتسمي..

لا بد أن نعود يوماً

للمكان الذي ابتدأنا منه..

ولا بد أن ننتهي إليه..

جنَّة عرضها السموات والأرض!

***

أُقْسِمُ مراراً!

وأنكثُ بلا اكتراث!

أهي نفسي؟ أم أنَّه الشيطان؟

لا أعلم من ألوم..

كم وددتُ الموت..

لكنني أموتُ كل يوم..

كلُّ جميل فقد رونقه..

وفقدتُه في كل نفس..

جعلني الميتُ على قيد الحياة..

لِمَ تكرهونني لهذه الدرجة؟

أأنا مرضٌ منفِّر؟

أم حيوان نافق؟

عذراً!

هذا ما جال في خاطري..

قسوتي تتسلل بلا أمرٍ مني..

كفاكم نفاقاً وابتعِدوا!

لم أعد أرى في قربكم مطلباً!

صُدُّوا عني ودعوني..

فألمي وضجيج أفكاري يكفياني!

أنا مَرَضٌ وأنتم أناس..

أنا أُعدي وأنتم تتأذَّون..

فيروس يريد حَناناً لكنه قاتل!

حاربوه لكن بشرف..

فليس له نبض!

وهو قليل حيلة!

***

تماسكتُ مراراً
وانهرتُ أخيراً..
حاولتُ مَرَّاتٍ عِدة..
وخسرتُ في كل مرة..
لملمتُ شتاتي
وبفكرة تبعثرت..
أنهض مرَّة
وأقع ألف مرة..
أقترب خطوة
ثم أبتعد للحدِّ الذي
أتساءلُ فيه:
هل اقتربت حقاً؟!
عن الجواب أبحث..
لكن ما هو السؤال في المقام الأول؟
سعادتي.. أرجوكِ كفاكِ بُعداً..
لا أريد التوسُّل أكثر..
لا أعلم أهذه حقاً أنا؟!

أم شخصٌ أتى من عالمٍ آخَر؟!

***

ها هي ذاكرتي تحصي ما مضى

أيام تجري أين يا ترى المنتهى؟

صدىً يُكَرِّر: لم نعد نقوى..

تلك العقول من تفكيرها توجَّعَت

تسرح ثم ترجع تتوه ثم توقظها هزة كتف..

يسألون: ما بك؟

ابتسامة متصنَّعة تُرسَم..

وإجابة تتكرر كعادة كل المرات:

لا شيء!

***

تُدمي أحزاني..

تصنع بِركة..

تحوطني من كل جانب..

غارق أستنجي..

تشدني بقوة..

أنفاسي تقاوم..

تلطخَت ملامحي..

لكن بربكم.. هل هناك من التَفَت؟!

***

تزحفِ الأيام..
كحلزون نُسِيَ على قارعة الطريق..
تهرولِ أحياناً أخرى..
كبطل ماراثون..
تريد الوصول للنهاية..
هكذا هي..
إمَّا تَكتُم أنفاسك..
أو تخطفها..
لا وسط فيها..
فقط أنت مَن يتوسطها..
لا تجارِها..
لا تنصت إليها..
قم بما يتوجب عليك فعله..
ودعها..
كن كمن يسابقها..
لا تبطئ إن أبطأَتْ
ولا تسرِع إن أسرعَتْ

عاكِسها دوماً..

دعِ التروي والتأمل

يكونا رفيقَيك.

ولترَ أتهزمك هي أم أنت مَن

يهزمها؟

***

كنتُ كَمَن يريد أخذ خطوة

بينما آخرون أخذوا خطوات

أرى نفسي هناك حيث أريد

أومن ألّا شيء مستحيل

لكن أعود لواقعي ولا زلت..

في مكاني لم أتزحزح..

أحلامي عانقتِ السماء

وأنا بهمَّتي أعلم أنني أستطيع

أعتزُّ بنفسي كثيراً وأعشقها

فمَن لها غيري تستشير؟

فلنفسي عليَّ حق..

لها يوم مِن كل أسبوع

ولي باقي الأيام أرسم بها ما أريد..

رؤيتي

أهدافي

خططي

ومهمتي

لألتقي بها في يومها وأسألها:

هل وجدَتِ السعادةُ لكِ طريقاً؟

***

لألتقي بها في يومها وأسألها:

هل وجدَتِ السعادةُ لكِ طريقاً؟

أعُدُّ اللحظات وأوقاتها

***

جرح يترك ولا أدري

***

أهو بسببي؟ أم فيَّ؟ أم كلاهما؟

أصمتُ لا أنطق..

خوفاً من إطلاق سهام مؤذية..

كنت كما يقال شوكةً

آذيت العديد بلا نيةٍ

جُعِلتُ كقدوةٍ لجميع مَن حولي

لم أعلم أنَّ مجدي قد ولَّد البغضَ

كرهٌ قد تنامى في صدورهم..

أتوجَّس كلماتي خيفةً..

أن أجعل في الصفوف الأمامية

والعيون تترقَّب: لِمَ الرجوع ثانية؟

ألم يكفِ ما حُصِّل بسبب التَّباهي؟

لم أقصد أن أزرع الحساسية..

لكن ما باليد حيلة!

سَلِ البعيد عني

كيف حاله أصبح؟

ببرودٍ يقتلُ يجيبُ:

بخير أضحى لعلَّه

لا أدري حقيقةً..

كيف لا وأنت

أقرب صديق له؟

أعلم ذلك جيداً

شاءت الأوضاع هكذا..

مللتُ نفسي كثيراً

البعد والقرب سواء

اتركني وحدي علَّني

أُصلح خرابَ الزمان!

***

لك اليوم كله.. افعل ما شئت.. وحين ينتهي ارجع لبارئك.. فهناك أرواح تمنَّت سَجدةً له قبل رحيلها.

***

لم أعلم أن القساة لا زالوا يعيشون بأوجه لطيفة.

***

أَسرَرَتُ ثم أعلنتُ، فحُطِّمتُ بعدها حُطِّمت.

***

لنبدأ مِن جديد، لا زال في جعبتنا العديد مِن كل جميل.

***

بحثتُ هنا وهناك.. لَم أجد سِوَى بقايا روح حُرِقَت.

***

تظنُّ أنك ضئيل وفي ألف عين أنت عزيز.
رحلتُ ولكن لا زالت ذاكرتي في نفس المكان.

***

عجيبٌ أمركم! تضحكون وتدردشون.. ثم في خلوتكم تبكون وتهشِّمون!

لُمَّتُها وليتني لم ألُم ألمها..

جسدٌ هنا وروح هناك.. يكفي العذاب!

جبناً ابتعدتَ أم أنه قراركَ النهائي؟

دعك من كل هذا الكلام..

هل هناك رجل في الأرجاء يبدو أنه لا يُرى؟

روح رجل وجسد أنثى.. أي صراع هذا الذي يُعاش؟

أليمة تلك الذكرى.. ليتها لَم تمرَّني..

وضعتُ ألفَ خطٍّ أحمرَ لكنها مُسِحَت بكلمة..

بعيدة كل البعد وقريبة كل القرب

أأنت حقيقة أم سراب؟

***

غذاء الروح.. ذاك ما يحتاج إليه بشدة..

***

لا طعم ولا رائحة ولا لون.. ماء أنتِ أم حياة؟

***

لا أصاحبُ مَن له عدة وجوه.. صديق ذو وجه واحد يكفيني.

***

تقبَّل كونك أنت.. بشخصيتك.. بشكلك الخارجي.. بكلامك.. بأشيائك البسيطة.. ستحيا مرة واحدة عشها بقناعة!

***

طاقتك الكامنة تنتظرك، فقط أعطِها دفعة بسيطة لتخرج للعلن!

***

تأسريني تشدِّيني.. وحين أقترب تصدِّين.. فجفاؤك هذا سيزيد إصراري، فافعلي ما شئتِ.. عنكِ لن أغيب.

***

كقبضة أحكمَت إغلاقها، ولمّا فتحتها لَم يعد هناك ما أريد..

***

أتدرون ما المضحك بالفعل؟ التمثيل أتقنه الجميع.

***

عشت دوري الآن، لكن متى يأتي دوري لأعيش؟

***

ظننتُ أنَّ مِنَ النسيانِ لي نصيبًا.. فنسِيت أنَّ لي ذاكرة مِن
جديد.

***

مشاعري اجتزَّت حتى لم يبقَ لها جذرٌ لتحيا من جديد..

***

كوردة أنتِ تُهدين شذاكِ وتُهدَين موتاً..

***

أغوص أبحث عن تلك الأمور النفيسة، لكن لَم أعلم أنَّ القاع
مظلم هكذا.. أنَّى لي الرجوع الآن؟

***

صمت احتواني.. أرثي حالي تارة والأخرى مرتاحة أراني..

***

صدِّيتُ عن مُرهِقات النفوس.. أأعود لأُرْهَقَ مرة أخرى؟

***

تاق قلبي وتُقْتُ كلِّي.. كيفَ لي أن أغضَّ قلبي؟

***

شئتُ وشاء ولَم يحدث إلا كلُّ خيرٍ شاء.

عجبت لأمري.. أحزنُ وربُّ العرش فوقي؟

***

قتلَتني تلك العبارات المكرَّرة.. متى تنتهي؟

***

عذراً وقاحتي تُعَدُّ دفاعاً عن النفس.. فأي نفسٍ ترضى أن

تُهان؟

***

كبلسم أنتِ.. لا تصِفكِ كلمات وليس لكِ بديل.. ♥

***

بحثت كثيراً وخلُصتُ لنتيجة واحدة: لا شبيه لكِ.

***

دع موهبتك ترسم طريق نجاحكَ.. كفَّ عن تظاهرك بكونكَ

شخصاً آخر.

***

تعبك.. اجتهادك.. محاولاتك.. لن تذهب سدَى.. ثق بمن لا

ينسى عباده.

***

هشة أنتِ وقوية كذلك.. بربكِ ممَّ صُنِعتِ؟

***

تُرِكتُ هكذا بلا سبب يُذكَر.. أأنا المخطئ أم كلانا لا يبالي؟

***

دمعة صادقة.. أبلغ مِن ألف حديث.

***

المرء يُصلَح مرة.. فالكسر المتتالي مهلك، والنفسُ الراحةَ تبغي لا
الهلاكَ.

***

عيت نفسي تقترب، والصدُّ ينهي المحاولة.

***

قلبي لا زلتُ أشعر بنبضه.. لكن لا أعلم هل يريد أن يتوقف
بأسرع وقت ممكن، أم أنه يجاري الأيام بفرحها بحزنها بمكنونات
سمومها بلحظاتها الخاطفة؟
تجول فيه العديد من المشاعر المختلطة، بَيدَ أنه متيقِّن أنَّ
هناك مَن يحتويه ويعلم بحاله؛ فخالقه جلَّ جلاله لن ينساه، وإن
بلغَت همومه مبلغها.

***

سرقتَ النومَ مِن عيني، مِن فضلكَ أعِدهُ لي.. أو عُد إليَّ.

***

كقطرة أنتِ دويُّ ارتطامك له تردُّد واحد: سعادة!

***

جُعلت كمَن لا ينطق.. وإن نَطَقَت هَدَمَت كُلَّ مَن تجرًّأ.

***

أخاف وتخاف ونخاف.. أيُّهم أشدُّ يا ترى؟

***

أنسى ثم أسترجع وهكذا.. متى تقف دوَّامتي هذه؟

***

سألتك مراراً: ما بك؟ تردُّ أخيراً بكل هدوء: أنتِ.

***

عجبتُ لعجيب فيكِ.. لا أدري لعلكِ الأعجوبة التاسعة!

***

لا أعلم كم من بابٍ أغلقتِ، لكنني سأصنع باباً جديداً لا تقلقي.

***

بُعْدَكَ أريد.. هل ستستجيب؟

***

لا أرجو حباً ولا قرباً.. رحيلكم مؤكد... كلي ثقةً بذلك!

***

لَم أخسر لأكسب شيئاً سِوَى راحة بالي.

***

ابتسامتي غالية، لستُ مستعدة لأخسرها مِن أجل أيّ كان. الإضافات دوماً جميلة إلا في حالة واحدة: عند عدم احتياجها!

***

كبُرت وتعلمتُ كيف أستغل وقتي لأصنع ذكريات تُبقيني على قيد الحياة حتى وإن أصبحتُ عجوزاً.

***

كم أُرْهِقتُ.. قهراً بكيت.. أمَّا هم فلَم يبالوا البتة!

***

أصعبُ الرحيل عند اللقاء يومياً.. لكن دون ترحيب أو حتى ابتسامة!

***

موجود لكنه غائب.. تعبتُ مِن مزاجيته المنفرة.

***

الثواني هذه تمر ببطء بسببكَ أنتَ لا غير!

***

ارحل.. لَم يعد لك مكان.. زحام أفكاري يكفيني!

***

فكري وفكرك بحران لا يلتقيان.

***

هل تظن أنّي سائِلين لكَ؟ أنا حتى لا أدلل نفسي.

***

لا! سأكررها.. إلى متى لا أعلم.. لكني على يقين أنها ستنجيني!

إلى ثقتي المهزوزة.. أرجوكِ لا تخذليني!
خوفي ذاك أصبح يلاحقني في كل حين.

***

وحدتي.. لا بدَّ أنكِ تنتظرينني في مكان ما من مستقبلي.
لَم أرِد، لكنهم أرادوا.. ثم أردتُ ولَم يريدوا! كفاكم نفاقاً.. لم أعد
أطيق سماعكم!

***

اعتدتُ أن أشعرَ به دائماً، لكن عند نقطة ما وصلتُ لمرحلة
فقدان الشعور به.. مرحلة التبلُّد التام.

***

قُطِعَ وصالنا..
ضِقتُ ذرعاً بكل تلك الأفكار المشؤومة.. هل لي أن أستريح؟

***

مُرّةٌ أنتِ وحلوة.. أخبريني بالله عليكِ أيُّ شيءٍ أنتِ؟

***

أصابتني سهامكِ المتتالية.. الرأفة!

***

كمَن فاضت أحاديثه في بئرٍ لا قاعَ له!

***

كيف أثق وأنتَ لا تقرأ؟!

***

أعلم أنكَ بقربي.. لكن هل أنتَ واثق بحضورك؟!

***

ليل ونجوم.. هدوء ونَفَسٌ عميق.. على جبل أجلس.. أتمعَّن بكل جميل تُرِكَ في ذاكرتي.. ثم أختم بابتسامة نكراء.

***

بكل ما في أحبالي الصوتية مِن قوة.. لا أريد!
هل سأبقى هنا للأبد...؟

***

منذ متى والناس تهتم؟ كلٌّ في وادٍ، يجتمعون فقط عند هطول الأمطار.

***

نعم أخطأتُ.. أُقِرُّ بذلك بكل خلية عقل أمتلكها.. أخطأتُ!
لم أرد أن أقترب لهذا الحد.. ما الحل الآن؟ لقد علقت وبشدة!

***

كصخرة هَوَت مِن على جرف شاهق واستقرَّت على صدري.

***

رحيلنا لا نقاش فيه.. لِمَ كل هذه التعقيدات؟

***

قف مكانك! لا تقترب! ستحترق لا محالة!

والآن هل صدَّقتَني؟ أَلَم أنهَك مسبقاً؟

كم أنت عنيد!

***

أرتجيكِ في كلِّ مرة.. متى ستسقطين وتغسلين همي؟

***

قتلت هذه المرة.. لكنني لم أنحني..

***

بك شوقاً أحرق جوفاً فلم يبقِ أي أثر..

***

صمتٌ رهيب خيَّم.. ذاك صوت قلبٍ قد كُسِر

أميِّتٌ أنا أم معلَّقٌ؟ يكفي! أملي رحل..

***

لَم أجد وصفاً مناسباً.. غُلِّقت الأبواب..

***

غادرتني ولم آذَن لكِ.. ألتلك الدرجةِ تكرهينني؟

***

كثقبٍ أسود.. ألتهَم كلَّ ما يمر..

***

أعتقد أنني وصلت للحد الذي لا شيء بعده

***

كرهت الجميع وعلى رأسهم الرجال

***

ابتعِدوا.. اختفوا كضباب.. لَم أعد أطيق رؤيتكم!

***

كفاكم كلاماً! لستم سِوَى ألسنة تتكلم لا أكثر!

نعم وبكامل قواي العقلية: لم أعد أهتم!

***

رجائي للجميع: انفذوا بجلودكم! أتى عصر المظاهر والعقول

غُيِّبَت.

***

لِمَ كلُّ هذا الاتكال؟! ألم أنهك مِن قبل؟ أم أنك لا تفهم؟

***

أردت الخلاص ولَم أجد سِوَى كوب قهوتي!

***

حمداً لك يا ألله! خلقتَني أنثى..

***

لا أريد إلا هدوءاً قاتلاً.. وكرسياً مريحاً.. كتاباً وضوءاً.. ونافذة
تطل على أجواء ممطرة.. ونفسي فقط!

***

لا إلى الأمام ولا إلى الخلف.. علقتُ في المنتصف!

***

غرباء نحن كغصنَين كلٌّ منهما في طرفين مختلفين من شجرة
واحدة!

***

كجفاء الخريف أصبح ردك.. خالياً من أي حياة..

***

كُسرت اليوم لتجد خواطري مخرجاً..

***

كم هو مؤلم أذى الروح بلا صوت!

***

إن لم تتمسك بي لآلاف المرات لن أبالي.. تلك هي أنا!

***

لَم أجد أفضل مِن برود المشاعر.. ككأس زجاج انكسر وجَرَحَ كُلَّ
مَن حوله!

***

لم أُطِق صبراً.. ابتعِد رجاءً..

***

عفوية الاهتمام دائماً رائعة..

***

ابتسِم.. فكُلُّنا في الحضيض..

***

دع ما يحزنك.. فكلُّه ماضٍ..

***

محاولتي الأخيرة.. شكراً لكِ..

***

تشبثت لكنني تعرَّقتُ كثيراً. أعتذر فقد هويت!
روحي لم تعد كالسابق.. كل جميلٍ بهت!
أردتُ لكن الله لم يُرد.. رضيتُ بما لم ترد يا ألله..

***

حلَّ الليل، وبدأَتِ المعركة الطاحنة لأفكاري!

***

بحثتُ عن الجمال.. وعلمتُ أنه غير مرئي، إنه محسوس!

***

بين الجميع خرقتِ أنتِ جدراني الصلبة!

***

كفاكِ وكفاني متى اللقاء متى؟
صدقاً أأحبتك أم أنتِ مَن أحبني؟
كُشفت روحي! أين السبيل للخباء؟
لِمَ تقاوم؟ ولِم كل هذه المحاولات؟ ألا زال هناك أمل؟
تركتُ كل ما يجعلني أتمسَّك بهذه الحياة!

***

اعتدتُ خسارة الأشياء حتى الموجودة منها، فكل شيء معرَّض للفَناء!

***

كنتُ أعلم ما سيحصل.. لكني وبكل ثقة أعرضتُ!

***

أذاك أَلَمٌ أم أنها حسرة فؤاد؟

***

تعاهدت معكِ على ألا تسقطي.. ما بالكِ نكثتِ العهد؟ كفكفي

دموعكِ.. لقد انتهى الوقت!

***

كنا ولَم نمضِ لنكون..

***

مُزِّقت.. ولَم آبَه!

***

أشفق عليكِ كثيراً.. تظاهُركِ لم يعد يُجدي!

***

تائهةٌ أنا.. أريد طريقاً أستنير به يا أللّه!

***

تشوَّهتُ مراراً.. لَم أعد أجدني!

***

لكَ مني دعوة صادقة.. عسى أن يرزقكَ اللّه مِن خير عطاياه.

***

إلى قلبي: أسمعكَ بكل وضوح.. لكن الآن لا جدوى!

كُفَّ عمَّا تفعل.. الكتاب المغلق لا سبيل له!

***

أريد بلاهة تجعلني لا أفقه شيئاً! التفاصيل أمرٌ مرهق!

***

استيقظت لأجد أنِّي لَم أعد شيئاً مذكوراً!

***

مشتتة أنا بين عقلٍ وقلبٍ..

***

أردتَّني ولم أُرِدكَ.. وحين أَرَدُّتكَ كنتَ قد رحلت..

***

وماذا الآن؟ لا فائدة تُرجَى مِن الندم..

***

تخيَّل لو أنَّنا مضينا؟ ما الذي سيحصل يا ترى؟

***

أعانق حلماً ويعانق حلماً آخَر.. كيف السبيل لنا؟

***

لم أشأ حتى المحاولة! خوفي غلبني..

***

مشهد ظهرك يشعرني بالأمان..
لكني ضعت حين كان لرحيلك..

***

لم أعد أشعر بشيء.. كمَن تجمَّدَت أطرافه!

***

جفَّت أرضي.. أأسقيها؟ أم أتركها للزمن؟

***

سعيت حتى ظننت الوصول.. إلا إنني لَم أحرِك ساكناً..

***

كبكبت على وجهي.. وحُشِر صوتي.. فهربَت دموعي.. لا أعلم أمِن
ألمٍ؟ أم مِن حالٍ متردِّ؟

***

سأضطر للوقوف مِن جديد بشغفٍ مسلوب..

***

متى تنتهي الحكاية؟ ألم يحِن الوقت لفصلٍ جديد؟

***

لم يكن ما أردته البتة!
هل حقاً لا أستحق ما أردتُّ؟
للأسف لَم تعد لديَّ الرغبة بفعل أي شيء!

***

حجرٌ مرمي على قارعة طريقٍ مهجور.. تلكَ أنا..

***

النسيان ملجأ العديد.. لكنه لي الوحيد..

***

قاسية أنتِ.. تركتِني ولَم تلتفتي...!

***

صبراً.. صبراً.. فنهايتنا واحدة!

***

جميلة وحدتي.. هكذا عهدتُها.. وقاتلة كذلك!

***

أظننتَ بعد كل ما حصل سأسامح؟ عذراً لقد خاب حُكمكَ!
سيِّئة لدرجة أنّكَ لَم توقفيني.. رحلتُ ولا زلتِ تبتسمين.. وبكاءُ قلبكِ
يكادُ يُسمَع.. ما فائدة صلابتكِ الآن؟ أخبريني؟
اتَّسعَ الفراغ في يومي.. أريد أن أعرف: لِمَ أشعربه وأنت لا؟

***

سعيدٌ بما حصل؟ أنا أيضاً..
شكراً.. فرحيلكِ كان أجمل هدية لي..
لم أحزن لأجلكَ كحزني على وقتي المُهدر معكَ..
لن أنسى الصفعة المفاجئة.. فالخيانة تحصل في أي وقت!
ثقتك لا تعطها لأيٍ كان.. لا تعلم أيهم يستهدفك!

لم الغرابة دائمًا تحوطني؟ ألأنّي لا أجيد التصنع؟

مَن الغريب أن تجد أنك لا تعلم مَن أنت في الحقيقة!

لا تبحث بعيداً.. الحل يكمن في قرارة نفسك.

عجزت عن التقصي عنك.. متى تشعري يا ترى؟

قال لها: صلبة أنتِ!

ردَّت بكل ثقة: حتى آخِر نفَس!

قالت: سئمتُ الحال!

ردَّ عليها: لَم أعهدكِ سريعة الاستسلام.. قاومي!

***

أتذكَّر لحظاتي معك دائماً! ماذا لو استمرت؟ ما الذي سيحصل؟

***

الوداع سهل.. أليس كذلك؟ ماذا عن الحضور بأكملكَ في ذهني؟ ألا

تنوي الرحيل؟

***

أردتُ الاتكاء ولو قليلاً.. ما بال كبريائي يمنعني؟ سحقاً!

***

تُرِكتُ معلَّقاً.. لا أرض تحملني.. ولا سماء ترفعني.. هائماً..

***

قويةٌ كما عهدتني.. فضعفي لي وكفى!

***

ابتعدوا جميعاً حان وقت لِمَعَاني..

***

لن أرضخ لكم ما حييت.. الطموني بما شئتم.. لم أعد أهتم!

***

تربيتة كتف: لا بأس!

***

حتى الموت.. سيبقى ذاك السر دفيناً.. لن يعلم أحد!

***

لَم أجد ما تستحقه هذه الحياة غير التجاهل!

***

هممت بالنهوض.. فتعثرتُ بأول كلمَة.. لا يوجد!

***

واضحة كعين الشمس.. لِم لا أراها إذاً؟
كشعاعٍ اخترقني.. ولم يترك أي أثر..
سأرى من منا سينتصر، أنا أم مصيري؟
كفى! سأسمعني الآن..
لم أشأ اختيار ذاك الطريق، ولكنها مشيئة الخالق!
عبثاً ظننتُ عجزي.. لَم أعد كما كنتُ بعدها.. استردَدتُ قوتي!

سأنال ما أريد.. هذا وعد منِّي.. إليَّ!

***

مللت الانتظار.. حان وقت التغيير!
سأصطدم بكل قوتي لكي لا أندم لاحقاً!

***

نعم.. سلامٌ على الجميع عند راحتي!
نهاية المطاف.. ليست أبداً نهاية!

***

أغمضتُ عيني.. فتضارَبَت أفكاري!
أرق.. ثلاثة حروف بريئة؟ محال!
زُعزعتُ كُلَّ مُزَعزَعٍ.. لكن لَم أهتزّ!

***

سأُرخي قليلاً.. علِّي أركب الموج..
لم أقوَ على المجابهة.. رجوتُ رحمتك يا ألله!

***

سألتُها مِن جديد: ما الذي حصل؟

ردَّت ببرود: لا شيء..

- إذاً لِم اختفت هالتكِ؟

بلا مبالاة: فقط هكذا..

- حدثيني بالله عليك!

ردت: أريد سكوناً أبدياً!

ثم أردف: ولكن لا يوجد في هذه الحياة!

بكل ثقة ترد: إذاً سأذهب إليه بنفسي!

متردداً: لا! لا يمكنك ذلك! سأمنعك!

- ولم لا؟

ترد بسخرية: لا أعتقد أنك تستطيع!

متحدياً: حاولي وسنرى..

منه وإليه نعود.. بكل حنية وقد ارتخت ملامحها: لا تنتحب حين

أرحل!

يبكي بلا مقدمات!

تردُّ بحزم: لقد كنتُ واضحة في كلامي! لا تودعني هكذا!

تتغير نبرتها للهدوء: ألا ترى ابتسامتي؟!

يصرخ بقوة: لكن متى؟ متى سترحلين؟!

مع تساقط كل ذرات الأمل وهي تحدق في الأفق: وما ضير الرحيل إن كان بلا موعد؟

***

غريبة تلك الأحلام التي تراودني.. علَّها لَم تكتب لي!

***

هذا الطريق الصعب.. لَم أُخلَق إلا لأخوضه!

***

عدلتُ عن كل الملذات لأسمو بنفسي..

***

حاربتُ نفسي حتى رضخت.. لَم تكن حرباً سهلةً أبداً!

***

مروا بجانبي.. كأنّي لا أُرى!

***

- هل تتألم الآن؟
وقد طأطأ رأسه: نعم.
قلت لك كف عن كونك طيباً إلى هذا الحد!
رد بأسًى: لا أقدِر، ذاك قلبي..

***

أسرفتُ في حُبِّكَ حتى فَسَدت!

***

أعرتني اهتمامكِ حين هممتِ بالرحيل؟!

لقد فاتَ الأوان..

***

ابتسامتها مشرقة.. ما بالها أظلمَت فجأة؟

صحيح! لقد نسيت!

أنا السبب!

***

تناثرَت أفكاري كحبَّات لؤلؤ.. كلٌّ في صوب!

***

قتلتها! نعم قتلتها!

لَم يعد لها أي وجود!

تخلَّصت منها.. حتى لم يعد لها أي أثر!

إلى نفسي السابقة..

***

أهناك المزيد؟ عذراً لم أعد أقوى..

بسيطة أنا.. فتفاصيل السماء والبحر والغيوم تسعدني!

أعدك! لن يكون هناك مجال لأي شخص بعدك!

اكتفيت.. مع أنها تجربة عقيمة..

مللت من كوني أداة.. سأريكم حقيقتي!

الآخرون.. ليسوا سِوَى شخصيات ثانوية..

سأفعل ما أريد.. منذ متى وأنا أبدي اهتماماً لآرائكم؟

تسلل الصقيع لروحي.. أهذا ما يقال عنه تبلُّد؟

أتنتهي الأيام أم تنهيني؟

سأمضي ولكن.. بعد إفراغ ما في جعبتي..

سلَّمتُ لك أمري.. كلي يقين بك..

***

قتلتني حين تجاهلتَني!

أَعُدتَّ غريباً كما كنت؟

أم أَنَّكَ تفقه ما تفعل؟

كرهتُ طفوليتكَ فيا ليتَ

يعود بنا الزمان لألَّا نلتقي..

***

52

أستمع للجميع.. هذا وارد

آبه للقليل.. هذا مؤكد

أستثقل المديح.. بالفعل

فآثرت الصمت لأتملَّص..

***

أرهقتُها كثيراً

علَّني لَم أشأ

مزَّقتُها مراراً

علَّني تناسيت

دثَّرتُها عنوةً

علَّني لَم أكترث

أبكيتُها قهراً

علَّني لَم أبالي

متى الخلاص منكِ؟

متى؟

نفسي..

***

سرت ليلاً تحت ضوء القمر

خطواتي تصدر صوت طقطقة

خطوة خطوة والصمت يطوّق المكان

عدى عن الخطوات المتتالية

يداي ضُمَّتَا خلف ظهري

آخذ شهيقاً وأزفره

ولا زلت ماضياً..

أقلِّب الأفكار بين هذه وتلك

أصنع أحداثاً وأعيشها..

ولا زلت ماضياً..

تزاحمَت أفكاري..

وعلا ضجيجها..

ولا زلت ماضياً..

لا بأس.. لا بد وأن أصل يوماً إلى الوجهة

الوجهة التي لطالما أردتُّها..

وتمنَّيتها.. لا بد!

***

وصلتني مُرحِّباً

دنوتَ مني خطوة

أقنعتَني بِشَخصِكَ

علَّمتَني كلَّ جديدٍ ثم

أشجيتني ومضيتَ..

فقلتُ: وداعاً..

***

حاولت كثيراً ألا أُظهِرها

ادَّعيت أني بخير وابتسمت..

نعم مشاعري..

تحدثتُ بكل أريحية وكأنَّ

ما حدث البارحة كان مجرد

أمرٍ عاديٍ لم يلقِ له كلانا بالاً..

هل تجاوزنا الأمر؟

هل فِعلاً مضينا؟

هل كان خيالاً؟

رسميان لأبعد الحدود..

وسقطَت تلك المشاعر

حتى عادت كأنَّها لَم تكن..

هل كنتُ قاسية بعض الشيء عندما قلت لك لا؟!

***

عتمة عمَّت المكان

تضِيْقُ النَّفسُ رُغماً

تبتسم لأنَّه لا شيء يهم

حتى الأخطاء النحوية

التي كانت تؤرقها

لم تعد بذاتِ الأهمية

تحيي كل ميتٍ

ولكنها ميتة لا زالت تتنفس

تعطي جرعة النهوض للجميع

وتبقى هي لا تستطيع تجرُّعَها

حتى ذوت وانطفأت..

***

صُفِّدَت الدموع

حكَمَ عليها بالحبسِ حتى ميعادٍ غير معلوم

أكانت الظروف؟

أم أن هناك مَن أجبرها على الخنوع؟

فاضَتِ العيون

حديث رُدِّدَ صداه مرَّاتٍ لا تُحصَى

أُجبِرَ الشلال على النزول

أذاك جبروت أو غرور!

تأبى الدموع نزولاً لتَغسِل آلامي

دوامتي كُفِّي عن المضي

تآكلت وأنا على قيد الحياة

أريد الراحة لا أكثر

لا يوجد حولي أحد

كصحراء خالية

جرابيع وأشجار الغاف حولي

هل هناك من يحتويني؟

عُزلت عن البشر

أنا المحاط بهم

بيني وبينهم غشاءٌ لا يُرى

يروني لكن لا أراهم

كضباب أعماني

شوَّش رؤيتي

أريد الهروب

الهروب لمكان بعيد

أبعد مما أنا فيه

أبعد وأبعد

لكن!

سحقاً لتلك القيود!

تفتتي

اتركيني أمضي لسبيلي!

دعي السلام يتخلل بداخلي

أنا من أريد أن أبحر في عالم الحرية المتلألئ

الخالي مِن الأحزان

من الأوجاع

من الذكريات

من الآلام

من الالتزامات

متى سأعود لعالمي؟

متى؟!

***

سئمتُ كُلَّ شيء

لا أرغب بشيء ولا أشعر بشيء..

كثقل توسَّط صدري

لَم يتزحزح بالرغم مِن البهجة التي غَمَرَتْني

أتعاندني؟

أم أنك أصبحتَ نداً لي؟!

سأنتزعك انتزاعاً

سأمزِّقك أشلاءً

لن تصمد طويلاً

وهذا وعدي لكَ

***

بعد خريف..

بعد صراع أهلكَها..

تهاوَت ورقة من أعلى قمة في الشجرة..

لتسقط أرضاً..

يلقطها عابراً نحوها.. يتأمَّلها..

ثم يُسقِطُها لتعانِقَ الأرض تارة أخرى..

وصوتُ وقع خطواته يبتعد شيئاً فشيئاً..

ملوِّحاً بِمِظَلَّتِه التي توسَّدَتْ كِتِفَه..

لتحميه من قطرات المطر..

أمَّا هي تبللت! تهشَّمت!

يا لخيبة الأمل!

***

"كثيرُ التبسم تشع روحه نوراً.. ليس كما يظن البعض يخفي حزنه بابتسامته".

***

"هناك أمل في كل شيء، حتى تلك النملة التي ظنَّت أنَّها ستدهس نجت".

***

"عظيم أنتَ حتى في قمة تعاستك، لا زلتَ تقاوم وأنت منهَك".

***

"لا تبحث عن الحزن، اهرب.. اهرب قدر استطاعتك".

***

قدِّس ما يظنه الآخرون عادياً.. ليس الجميع يستطيع استشعار بواطن العادي.

***

اِنسجم مع كل الأشياء حولك.. سيختلف شعورك بالتأكيد!

***

نهر جارٍ وبالٌ صافٍ وهواءٌ عليلٌ.. أمنياتي الآن.

***

أتَعُودُ لتحيا روحي مِن جديد؟ أم أننا سنبقى في السحيق؟

صررتُ بشدة على أسناني.. أغلقتُ عينيَّ

لكن.. لَم أتزحزح..

كبتُّ كثيراً.. أظنَّني لَم أعد أكترث..

سأجني وإن طال موسم حصادي..

سراً أرتجي حناناً لقلبٍ أوشك على الرحيل..

زهوتُ البارحة.. وبكلمة.. ذبلتُ في اليوم التالي..

رحيلك أجمل ما حصل.. عرفتُ قَدرَ نفسي عندك..

أقول وتقول.. ثم أنت صواب وأنا خطأ؟

كورقة مُزِّق قلبي.. لا أظنُّ له الرجوع..

أُغلق بإحكامٍ ذاك الباب.. ثم إنَّه لا يوجد له مفتاح..

كسرتُ ما تبقَّى مِن أمل.. أيُّ حياءٍ بقيَ لديك لتعود؟

اذهب مِن حيث أتيتَ.. لا أظنني ربطتُك بأحد أعمدة

ساحة قلبي..

كم سمعتك وحين حان دوري للكلام صددتَّ..

شكرًا لما علمتني.. درسك لَم يعد يُنسَى..

كنتَ أنتَ مَن أُسنِدُ رأسي عليه..

لكن أصبحتُ أعي مدى قوة صمودي عند رحيلك.

كفى! لن أسمع المزيد.. أعتقد أنكَ اكتفيتَ..
أتمنى أن تجد ضالَّتَكَ.. خُض الغمار لكن.. شريطة ألا
تبحث عني بعد انتهائه.. لأنك ببساطة: لن تجدني..

***

هذا الطُّهر الذي تبحثين عنه.. عذراً لن تجديه على سطح هذه الأرض.. فغايتك عظيمة.

***

كفاك نحيباً.. لا أطيق مَن تتحكم به قُوًى يستطيع أن يتحكم بها!

***

أعجزتُ عن فعل أمرٍ بسيط.. ما بال مستقبلك مظلمًا هكذا؟

***

للدموع العالقة.. عذراً.. فالله معي.

لأيامي البائسة.. عذراً.. فالله معي.

لضيقة قلبي.. عذراً.. فالله معي.

أأحزن والجبار يجبرني؟

يرتاح البشر لي وأرتاح أنا بالله.

***

بسمتي.. أهلاً بعد عناء..

***

ككل شيء ينتهي.. سنعود كأنَّنا لَم نكن..

لَم أذق طعم الراحة إلا بالقرآن..

***

رَحَلَتْ مشاعري نحو طريق "بلا عودة"..

***

سحقاً لك.. أظنُّه ردًّا كافيًا لأفكارك النتنة..

دعكَ من كل كلماتِك.. لَم أعد أهتم..

***

إن أردتَّ الحصول على اهتمامي.. فعذراً! لَم يعد متاحاً لك.

ابحث عمَّا تريد في مكانٍ آخَر.. مقصدك ليس بنقيّ..

***

على يقين تامٍّ بأنَّه سيأتي ذاك اليومُ "يوم ما"..

***

غطَّت طيبتي في سباتٍ عميق.. لن تستيقظ منه أبداً..

سأرحل في الوقت المناسب تماماً.. هذا وعد..

كُفَّ عن الضعف.. فإن ما ستجنيه ليس بِقيِّم..

أظننتَ أني سأعدل عن قراري؟ حتماً لا..

صدقاً.. كان فيما مضى أمركَ يهمُّني..

***

ذاك السهم المنطلق.. وددتُ أنه لم يصبني.. لكن أصابني وبجدارة..

***

ابتعدت قليلاً.. فاقترَب كثيراً.. لم يعد الاهتمام نصيبك..

"آثرت نفسي.. فأولهم أنا وثانيهم جميعاً.."

أنتساقط كأوراق الشجر وتبعدنا الرياح؟

سنقولها والدمع يرقرق.. أهكذا ننتهي بعد اجتماع الروح "وداعاً"؟

***

كم أحببتك.. لكن كبريائي أعظم..

***

سأبقى حرة.. تركت الأقفاص لكم..

***

كطيّ الورق.. كانقشاع الغيوم.. أرحل بلا ندم..

***

أنعَى كُلَّ من ألْبَسَ البعض ثقة لا محل لها..

***

ببساطة لَم تعد تعني لي أي شيء!

نبتعد لنرى بشكل أفضل.. ليس كل قريب حقيقة..

***

لأرفع قبعتي وأقول: حان وقت الوداع..

***

أعطيت الكثير لأجازى بالجُحود..

***

طيِّبة كوقع الربيع.. قاتلة كسهمٍ منطلق..

***

لم أبحث، وجدني كَرَمُكَ الذي أحاط الجميع..

***

صرامة ثم ابتسامة فصداقة.. دعينا عُمراً هكذا..

***

عذوبة كلماتِك أسرّتني.. أنَّى لي الرحيل؟

***

أسرفت في الكلام.. نعم.. إلا إنني لا أندم.. لا أختبئ ولا
أخشى كذلك..

***

أعتذر.. ظننتكَ شخصاً أعرفه.. إنه سوء فهم!

***

رؤيتك تصيبني بالغثيان.. هلا ابتعدتَ قليلاً؟

***

أسفاً.. لكل وقتي الضائع..

***

هل لي أن أتقمص شخصيتك؟ أريد أن أعرف ممَّ تتكوَّن شخصيتك
تلك

***

هيبتي.. لن تسقطي ما دمتُ حياً..

***

أعزَّائي.. لَم تنتهِ قصة الحياة.. أرجو النظر بتمعُّن..
لا زلت في مرحلة النمو.. هناك الكثير ليعاش..

***

لنأخذ قسطاً من الراحة.. عفواً الراحة غير متوفرة حالياً يرجى
الاستمرار..

***

آهٍ لكل تلك الأيام..
سرقت مني ما لَم أُرِدْ.. الآن سأتركلكَ على قارعة الطريق..
أجزائي.. عودي مِن جديد.. لنمضي سوياً نحو الوميض..

أبحري بي لمكان بعيد.. لم يعد لي هناك أي ضريح..

سرٌّ لا يباح.. معك كنت أم ضدك.. تلك هي أنا..

لطفاً لا تحاول مرة أخرى.. نحن لا نلعب!

أكمل مسيرك.. لا أظن أنه يعنيني..

لم ولن ألتفت.. النهاية.

***

تشي ملامحك باللا شيء.. ممَّ صنعتها؟

أأخدع أم أختبئ؟ كلاهما لا يناسباني..

ستُصدَم عند مواجهتي.. استعِدَّ جيداً..

لقد أخطأت الظن.. لم تقدِّرني حقَّ قدري..

ناسٌ تقاس وناسٌ تداس.. أهذه الدنيا حقاً؟

فقدتُ اهتمامي بكل عظيم.. إن لَم يسعدني فهو بعيني ضئيل..

***

ذنبي أن شعوري يخالف ملامحي تماماً.. أردتُ وفاقهم

لكنهم أبَوا..

***

"كم أصبحتِ الحياة رائعة بوجودكم.. أضفتم رونقاً وبهاءً لباحة

قلبي.. أنتم لا تقدَّرُون بأي ثمن.. لأنكم لآلئ نادرة.."

***

71

دعونا نمضي معاً.. لقد كُتِبَ قَدَرُنَا "قد قُدِر"

***

سنبقى سوياً.. لنرى أتفرِّقُنا الحياة أم ننتهي قبلها؟

سأخلص لكم ما حييت..

***

هلُمّي إليَّ.. ودعيني أجعل الحزن يتملَّص منكِ

***

ترمَّمَ بعد مدة قصيرة جداً.. لم تكن أمراً مهماً البتة..

***

سأقف شامخة دائماً.. جعلت الاهتزاز لك..

سأرسمها تلك الابتسامة لأنها مصيري..

لنرى مَن منَّا القويَّ.. غرورك أم إيماني؟

***

سيقطر جبيني دماً.. لأجل مَن أفنى عمره لسعادتي..

***

"سأحتضن كل مرير علَّه يلين".

***

لم ألتفت يوماً لأرى آثار قدمي.. خوض المجهول أحد

اهتماماتي.

يحدث في زمن ما.. أن تجد نفسك تغلغلت وسط الأوهام بينما تظن أنك على الطريق الصحيح.. بيد أنك لم تعلم لأي درجة وصل انحطاط البعض.. لينعتك بما ليس فيك.

***

صُنتُ النَّفسَ ويا ليتَها..
سَمِعَت وكفَّت كلَّ غاليَ..
رأيت الصنيع كيف يجحدَ..
أليس ذلك بكافٍ؟
ومضيت في الطريق غير مبالٍ..
بالنفوس السوداء حواليَ
أذاك ما أكننته يا خاسئة؟
سُحقاً لكِ وللأعادي
حسبي ربي فإن يومكِ لآتٍ..
فتندبين حظك وتقولين:
واحسرتى ها قد أتى حسابيَ!

***

دع الملامة يا رجل.. فإنها مِن شِيَم الذكور!

***

أتوهَّمتَ قوَّتَكَ وأنت حتى لا تواجهني!

***

لحثالة البشر: لم تعودوا بشراً بعد اليوم!
أظنُّكُم قد وصلتَم لقاع اللا إنسانية.. حتى الحيوانات
تعَدُّ أفضل منكَم بمراحل!

***

ليس هناك انتقام أفضل من أن تتجاهل من أساء لك
يوماً.

***

كن ذا خُلُقٍ رفيع.. فقلة هم أولئك "مستوطنو القلوب".

***

تركت الاختباء للمخطئين.. الاعتذار لا يليق إلا بهم..

***

لقد كان دويُّ سقوط الأقنعة واضحاً.. حمداً لله قد بانَ زيفكم!

***

لا شيء أجرأ من لسانٍ يكذب وعينٍ تحكي كل شيء..

***

حزني لم يَعُدْ ضعفاً.. لقد استمددتُ منه كلَّ طاقتي!

***

أسفاً.. خسرتَ الذهب لأجل دراهم قليلة..

***

أصبحتُ أتنفسُ بعد أن ابتعدتَ.. واصل لا تتوقف!

***

شاكلتكَ هذه سيطحنها الزمن.. صبراً.. صبراً!
لم يعد هناك أي منفذ.. دع جِلدك يحترقُ الآن!

***

النار التي تَخْمُدُ مُرغَمَة ستعود بشكل مخيف.. مخيف جداً!

***

كخرقة بالية.. مهملة ملقاة.. متعددة الاستخدامات..

***

مرهقة باستمرار.. حياة أتمناها لك!

لوَّحتُ بيديَّ الاثنتين

حتى لا يظنُّوا عودتي.. لمصافحتهم باليد التي لم تلوح..

***

ويحَكُم! تنتهزون الفرص لرميي بسمومكم.!

***

"صبرتُ عليِّ أُسقَى بماءٍ سلسبيلٍ."

***

عيت تلكما العينان الثقة.. ستسقط دموعها لا محالة..

***

أتساءل:

كم مرة ستسلب تلك القمة مني؟ لا بأس.. سأسعى لغيرها..

***

أذاك فقط وقْعُ الكلمات وحدها! حُطِّمتُ كليّاً!

كُسِرتُ لدرجةٍ لَمْ تَعُد ملامحي تُشبهني..

أتظن أني صلبة؟ واأسفاه فقد صُنِعتُ من زجاج..

***

ما تريده من الحياة ليس سوى دَيْنٍ ستُعيدُه بعد زمن..

كفاك نحيباً.. نحن في ساحة قتال!

***

اعفِني من كل الشكليات.. أعشق عفويتي وبساطتي..

***

للجميع: أتمنى لكم حياة سعيدة بعيدة عني..

***

كم هو مرٌّ ذاك التهميش.. كأنَّك لَم تكُن!

***

عشت مرةً ويا ليتني لم أعشها..

***

أَسْتَكثَرتَ لقائي دقائق معدودة؟

***

ترى ما الذي حصل؟
كيف وصلتُ إلى هنا؟
ترفع رأسها بهدوء بعد أن
غمرته في باطن ذراعيها
وهي تضم رجليها إلى صدرها
متقوقعة كالجنين
لمَ لا أرى شيئاً؟!

كل هذا السواد يحيط بي!

أي قاع أنا فيه؟

بل لِمَ أنا مبللة هكذا؟

أكاد أجزم بمرور شلال هنا..

آه صحيح!

نسيت أن شلالات دموعي لا تزال

تذرف

تسيل

تصرخ فجأة

إنني أهوي مِن جديد

لقاع أعمق

أظلم

لا صوت

ولا همس

كُتِمَ صوتي

إذاً مَن الذي أسمعه

مَن الذي يتكلَّم

لساني لا يتحرّك لكن

لا زلت أسمعُ صوتي

كيف!
ضميرك يتحدَّثُ معكَ
انتهى وقتك
آن وقتي!

ضميرك يتحدَّثُ معكَ

انتهى وقتك

قهقهات ترتفع

نظرات تتبادل

عجزتُ عن المجاراة

لم أَعُدْ كسابق عهدي

اللا شعور

استوطنني

جرَّدني

من كل ما يسعدني

حتى الابتسامة

ثقُلت

والصمت صار صديقي

يرافقني كل حين

ملجئي

يريحني

يجعلني أصل لذاتي

يريني ما لا أراه لحظة حديثي

هل صرتُ من القِلَّة القليلة؟

أرى صمتي رفيقي

لم يعد يجذبني العادي

***

لذاك الشروق

أم

لذاك الغروب

أيهما نحن ساعون له يا ترى؟

***

لتلك اللحظة

لأول نَفَسٍ

لأول صدمة

لأول جمود

لم أعد كذاتي

تغيرت كثيراً

أصبحتُ أتفادى الأحاديث

أصبحتُ ثقيلةً بشكل غير طبيعي

لم أعد أهتمُ لأحدٍ

حجَّتي الدائمة "مشغولة"

أكاد أجزم أنها منقذتي

بل سبيلي الوحيد للهروب

حتى ملامحي

لم تعد ذاتها

لقد وُلِدتُ من جديد

بحُلَّة أظلم

أحلك

عن سابقتها

لم يعد يهمها أياً كان

لكن

من أين تأتي الطاقة للعمل

من أين؟

هل لا زال النور الخافت يومض؟

لا لا!

إنها تهيؤات

لم أعد أعبأ بذاك النور

أعيش فقط دون روح

دون شغف

دون رغبة

لم يعد يهمني شيء

كما وجدت

سأرحل

الآن

أم

لاحقاً

***

لم يعد يهمني شيء

كما وجدت

سأرحل

لِم كل ذاك الألم يعتصرني؟

هل قتلت أحداً ما في حياتي السابقة؟

لقد نسيتُ أنني أُولَد

مرة واحدة

لحياة واحدة

قد تتكرر آلاف المرات

في ذاكرتي فقط

أعيش هناك

في خيال لا موطئ له واقعاً

لا أعلم أيهم يمثِّلُني

واقعٌ لا ملاذ منه

أم ذاك الخيالُ

الذي لا مفرَّ إلا إليه؟

تنهيدة طويلة..

تصحيني

لتعيد إليَّ وعيي

صارخاً:

انزعوه عني!

خلصوني منه!

لكن لا جدوى

فلم أعد أقوى

***

ذاك الألم

مرّ بي مقيماً

وإذ بي له سجينٌ..

هلمُّوا إلي..

عانقوني..

عوِّضوني

عمَّا فاتني..

لملموا شتاتي..

دفئوني..

أريقوا دموعي..

أزيلوا غمامتي..

مِنْكُم أشبعوني..

أُحبِّكم فأحبوني!

أصَعبٌ هو مطلبي؟

هنا وهناك

جزء يريد وجزء يعاد

أرثي حالي

لمن هو سواك؟

رب الملأ

رب العباد

أُنادِي أُنادِي

لعلِّي أُجاب

أرفع دعواتي

لعُلاكَ لعُلاكَ

***

أسرفتُ كثيراً في محبَّتي
أعطيتُ كثيراً لمن ضرَّني
أتلك شهامة أم هشاشة؟
أردوكَ ميتاً بلا فائدة
ثم أتيتَ خاليَ الوِفَاض
ترجو جميع من في البلاد
أنا كريم المحبة ذو الوقفات!
أنا معطي الضار بلا حساب!
أينكم حين اشتدَّت وطأتي
وصرتُ في مهبِّ الرياح؟
اليوم تنفوني وأنا مَنْ كنتُ خَيرَ الناس
اليوم تنفوني وقد كنتُ لكم شديد بأس!

***

من أين أبدأ تلك القصة؟

أم أنها انتهت قبل البداية؟

هل أصبحنا ننتمي لذاك الزمان؟

للحقبة التي انقضت وفات الأوان؟

تنثر رمالي ثم تختفي مع الرياح

مخلِّفة أثرها فقط في الذكريات

أبكي على حالي بعد الضياع

شتات شتات أين الملاذ؟

***

قتلونا ونحن على قيد الحياة

مزَّقونا وقالوا: لا بأس

أصدى أنيننا يُسمَعُ بعد كل هذا العناء؟

حرروني واتركوني

أمضي لذاك الأفق البعيد

لأبعد مدًى

لأقصى الحدود

لأضيع وأختفي

كانقشاع الغيوم

يبكي قلبي دماً

يُخنَق بلا سبب

أهيمُ وأنا الذي عرفتُ طريقي..

أي طريق كان ذاك يا ترى؟

أكان ذا الهاوية

أم تلك النهاية؟

لا يهم!

كلاهما يقودان للقاع

قاعٍ مظلم
لا مفرَّ منه
تحيطني فيه الجدران من كل جانب
كيف السبيل للخلاص؟
كيف؟!
لا أمل!
سيخبو بصيصي
وأُتْرَكُ بلا أثرٍ..

***

أنادي أنادي
هل مِن مجيب؟
أُسلَبُ أُطرَدُ
أصبحتُ الجريح
حقي.. حقي!
لن أستطيع
أرضخ أرضخ
هذا مستحيل!
قُدْسِي أرضِيَ
لنا سترجعين!

غداً ربما يوماً

هذا أكيد!

***

إلهي إلهي

كن لنا معيناً

أسقوني كأساً مريراً

حطموني بلا تحذير

كصفعة أيقظتني

من سبات عميق

أهيم أهيم

حتى ضللت الطريق

تقطَّعت أشلائي

بَخَّرَها الحميم

أعلى وأعلى

فصارت سديمًا

أكلُّ هذا الفراغ يحوطني؟

لِمَ أبحرتُ هكذا بلا دليلٍ؟

أطفو وسط ظلام كحيل

بين نجوم حارقة لا ترحم!

أفي النهاية يكون هذا المصير؟

***

أراك أراك

يميناً يساراً

أبحثُ أبحثُ

أين القرار؟

أنادي أنادي

هل من جواب؟

يقيناً

لعلِّي

ألاقي

مُنايَ

***

لحظة اللقاء

بعد عناء

تزيح داءً

أبى الشفاء

منك أدنو

وبك أسمو

ولك أرجو

وإليك أرنو

مني إليك

كلي أهديك

وقلبي أُعطيك

بين يديكَ

هَلُمِّي هَلُمِّي

تقربي إليَّ

دعي حضني

يطوّق عينيك

الآن اطمأن قلبي والكيان

أوْقِفِ الزَّمانَ

لئلا نعودَ شتان

***

بعد صراع دام سنين

بيني وبين تلك الذكريات

سُقْمٌ مرٌّ علقمٌ

تجرَّعتُها بلا أنين

تسرَّبَتْ للروح بصمتٍ مريب

أعماها السواد والضجيج

صداها يردِّد دائماً:

كسِيرٌ أنتَ جريح!

كالصنم أنت عديم!

ابقَ مكانك

لا حراك

لا نواح

لا عويل

عش ميتاً

لا تعرف

متى الموعد الأخير!

***

يا من رماني بلا ضمير

أي سُمٍّ أطلقتَه من بعيد

كن شجاعاً واجِه لا تَحِد

واضحاً لا مبهماً علَّك تصير

كالسيف يقطع بلا تفكير

وتندبُ يوماً في حياتك عسير

حالما ترى ظلمك تجلَّى يا بصيرُ

وأرْسُمُ على ثغري بسمةَ الظَّفِير

آه على ما خِضته! ظننتُ أنك فهيم

قويٌّ لا تبالي بكلماتٍ كالسَّقيم

ذق ما صنعته، اليوم لي نصير

ذُب ودع المهانة تلتهم كل صغير

ارحل كما أقبلت لن تصبح ذكيراً

ستُنْسَى ويبقى أثر سوادك رذيلاً!

***

كنت أدري أني

لا أقوى، لكني

صارعتُ نفسي

فقلتُ لعلِّي

أرجع نصفي

فهوى كُلِّي

ولَم يبقَ سِوَى ظلِّي

يندب حظي

ما لي هكذا

أغفر لمن عصى؟

حطَّم فتبعه الأذى!

آه قلبي هوى

لَم يعد ذا القوى

كسابق عهده

يعادي الشقا

صلباً عنيداً

لا حاد ولا انحنى

وقد قيل ما ليس فيّ

أهذا ما ألقاه بعد زمن؟

ظن البعض أنهم يرونني

لم يعلموا أني أريهم

ما أريد ليس ما أرادوا

***

ظننت أني قد وجدتها

لكني لا زلت أبحث عنها

كيف يا ترى أنقذها؟

مِن زمنٍ صار يلطمها

يقطع كل جزءٍ فيها

حتى أوصالها

أرادت صراخاً، لكنَّها

لَم تعد تلك العاتية الصامدة

أخيراً

ظننتُ أنّي قد وجدتها!

فسمعتُ صوتاً خفيفاً: لا زلتُ تائهة!

انتهى